Let's Do Sudoku

T0147365

Let's Do Sudoku

6 Illustrated Solving Techniques Plus 100
Hand-Crafted Puzzles Spiced Up With Wise
Quotations

Natalia Buga

iUniverse, Inc.
New York   Bloomington

Let's Do Sudoku

6 Illustrated Solving Techniques Plus 100 Hand-Crafted Puzzles Spiced Up With Wise Quotations

iUniverse books may be ordered through booksellers or by contacting:

iUniverse
1663 Liberty Drive
Bloomington, IN 47403
www.iuniverse.com
1-800-Authors (1-800-288-4677)

ISBN: 978-1-4401-0117-5 (pbk)
ISBN: 978-1-4401-2035-0 (ebk)

Printed in the United States of America
Last revised: 1/09/2009

To my family with love!

Contents

Introduction

What is Sudoku?

Sudoku is a logic-based placement puzzle, also known as Number Place in the United States. Although first published in a U. S. puzzle magazine in 1979, Sudoku initially caught on in Japan in 1986 and attained international popularity in 2005. Numerous variations of Sudoku have been developed, with different shapes and sizes: 5x5 grids, 8x8 grids, 16x16 grids, 25x25 grids, grids with multiple overlapping blocks, and even a three dimensional cube.

Sudoku is not a mathematical puzzle. It works just as well with letters or symbols, but numbers work the best.

What does "Sudoku" mean?

The name Sudoku is short for "Sūji wa dokushin ni kagiru", meaning "the numbers must be single", or "the numbers must occur only once". The name is a trademark of puzzle publisher Nikoli Co. Ltd. in Japan.

What makes Sudoku so popular?

The great thing about Sudoku is that you spend minutes learning the rules and enjoy hours of fun.

It is simple to learn, requires no calculations or special knowledge, and provides a surprisingly wide variety of logical situations.
You do not need any special knowledge of words or math.
As a universal logic game, Sudoku crosses all language and cultural borders.

The benefits of playing Sudoku puzzles are: satisfaction from solving or completing something difficult; prevention of memory decline; development of reasoning, analytical and logical thinking skills; and pure entertainment. Each time you finish a Sudoku puzzle, you feel a deep satisfaction.

What does a Sudoku puzzle look like?

Here is an example of an unsolved classic Sudoku puzzle. As you can see, Sudoku is a 9x9 grid that has been subdivided into nine outlined 3x3 subgrids called "blocks". Some cells already contain numbers, known as "givens". In professionally made puzzles, the givens are always found in a symmetrical pattern.

The number of givens varies. At first glance, it would seem that the greater the number of givens, the easier the solution, but this is not always necessarily true. The true difficulty of the puzzle depends on how easy it is to logically determine subsequent numbers.

8	4	2		1		9	6	3
9	3						2	5
1								4
			5	9	2			
4			3		7			1
			1	4	8			
6								7
5	8						9	2
7	9	1		3		4	5	8

What rules does Sudoku follow?

The goal of the puzzle is to fill in all blank cells on the grid with the missing numbers (using the numbers 1 through 9), one number in each blank cell, so that:

> every row,
> every column and
> every outlined block
> contains the numbers
> one to nine,
> once.

No number can repeat within any column, row or block.

A properly made Sudoku puzzle has only one correct solution, so every blank cell in the puzzle has only one correct answer.

How to deal with Sudoku?

Logically, you need to prove why a number should go in a certain cell. In the *How To Do Sudoku* section, you will find some explanations and examples of how to go about the logical proofs.

What is this book about?

This book is a collection of 100 previously unpublished Sudoku puzzles. All of them are hand-crafted and have a unique solution. The following characteristics were intentionally applied during their creation: symmetry, beauty and singularity.

The puzzles are organized into four levels of difficulty: Very Easy (26 puzzles), Easy (18 puzzles), Medium (28 puzzles) and Hard (28 puzzles). Should the solutions be required, they can be found at the end of the book.

This book is perfect both for beginners and for more experienced solvers.

For beginners, there is a *How To Do Sudoku* section, which presents 6 main techniques that can be used when you do Sudoku.

Puzzles that can be solved using Techniques 1 and 2 are classified as Very Easy and Easy puzzles in this book. Medium level puzzles can be solved using Techniques 1, 2, and 3. Hard level puzzles cannot be solved without using Techniques 4, 5 and 6.

For the more experienced solvers, I would suggest trying to do Sudoku without penciling in—solve it in pen. Take it up a level. Try it and you'll see that it has its own charms and that your feeling of satisfaction upon completing the puzzle is deeper.

An additional feature of this book is its collection of 100 inspirational quotes. Each Sudoku puzzle is accompanied by a smart saying of a famous man or woman.

How To Do Sudoku

Technique 1. Cross-Hatching.

From the SAME NUMBERS mentally put lines ⟶
to INTERSECT ONE BLOCK that does not have that number.
If, in this there is only ONE BLANK CELL left that is NOT crossed by the
lines, then this cell is the only place □ that number can go.

Example 1.   *Example 2.*

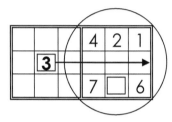
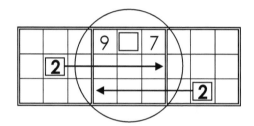

Example 3.   *Example 4.*

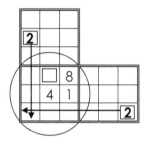
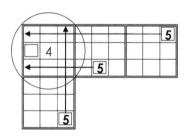

Example 5.   *Example 6.*

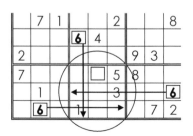

Technique 2. Identifying Missing Numbers.

As each row, column and block must contain each of the numbers 1 to 9, look out
for rows, columns or blocks that have ONLY ONE OR TWO blank cells left and
then, counting from 1 to 9, identify WHICH NUMBERS are missing.

Example 7.   *Example 8.*

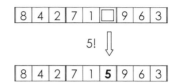

Example 9.

Example 10.   *Example 11.*

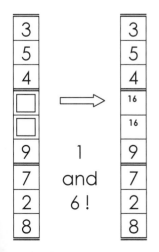

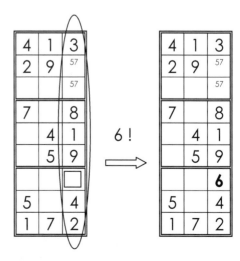

Technique 3. Paying Attention To a Row / Column.

Pay attention to a row (or a column) that has a FEW blank cells left. Identify missing numbers. Check INTERSECTING columns (or rows) and BLOCKs for the missing numbers to limit possible locations in the row (column).

Example 12.

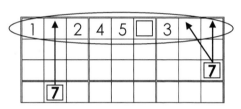

Example 13.   *Example 14.*

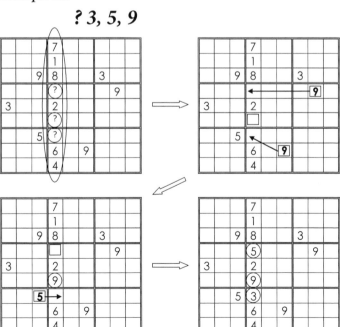

Example 15.

? 3, 5, 9

Example 16.

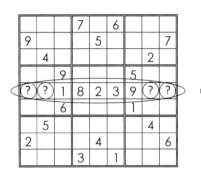

? 4, 5, 6, 7

Technique 4. Advanced Cross-Hatching.

Narrow a number's location within a row, column, or block
to TWO or THREE cells. When those cells all lie within the SAME ROW
(or column) AND BLOCK, they can be used for elimination purposes
during CROSS-HATCHING.

Example 17.

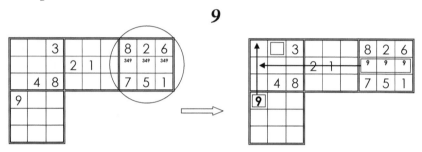

Example 18.

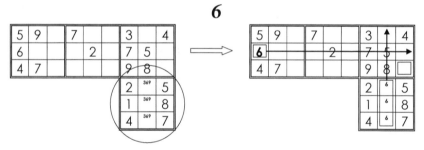

Example 19.

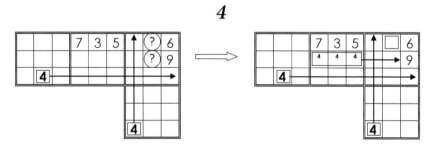

Example 20.

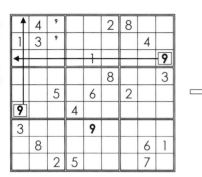 $\Longrightarrow$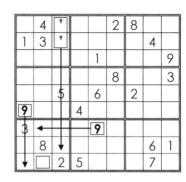

Example 21.

Example 22.

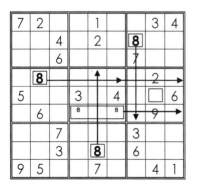 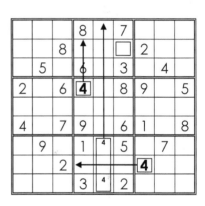

Example 23.

Example 24.

Technique 5. Looking for a Hidden Pair.

If TWO CELLS in a row, column or block contain a PAIR of candidates (hidden amongst other candidates) NOT FOUND in any other cells in that row, column or block, then ALL OTHER CANDIDATES from these two cells can be ELIMINATED. The remaining two candidates are a hidden pair. Combined with the other techniques described above, this technique can solve almost any challenging Sudoku.

Example 25.
Pay attention to a row + Look for a Hidden pair
              + Identify Missing numbers.

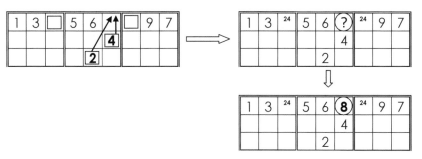

TWO numbers 2 and 4 can appear ONLY in TWO cells within the SAME row. This means that 2 and 4 are a hidden pair within the row. Therefore, candidates of any other numbers can be eliminated from those two cells. (We do not even need to identify other candidates.) Now we have only one blank cell left in the row. By counting from 1 to 9, we can identify that the missing number is 8.

Example 26.
Look for a Hidden pair + Identify Missing numbers.

Example 27.

Look for a Hidden pair + Look for a Hidden pair
+ Identify Missing numbers.

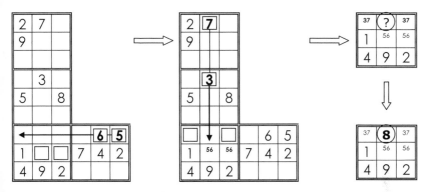

Example 28.

Look for a Hidden pair + Do Cross-hatching
+ Identify Missing numbers.

Here, 1 and 7 – form a hidden pair within a block. The pair eliminates candidates of 2 and 8 from their two cells.

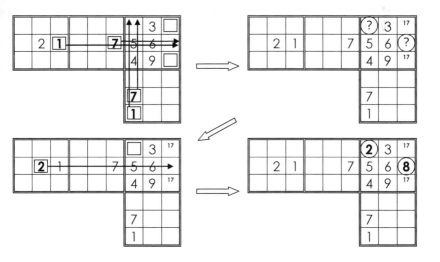

Example 29.
Look for a Hidden pair + Identify Missing numbers
+ Do Advanced Cross-hatching.

Example 30.
Look for a Hidden pair + Pay attention to a row
+ Pay attention to a row + Identify Missing numbers.

Example 31.

Look for a Hidden pair + Do Cross-hatching
          + Identify Missing numbers + Look for a Hidden pair
          + Identify Missing numbers

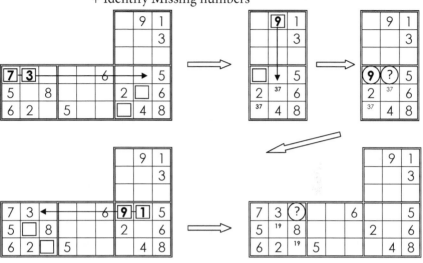

Technique 6. Checking for the Only Candidate.

Check an EMPTY CELL for the possible values
that it can hold. If ONLY ONE value is possible,
then that is the number it must be.

The logical proof is very simple, but it is takes too much time to find this type
of situation in a puzzle. I would recommend using this technique when you
are almost done, but stuck. Usually, this technique is the one that helps to
crack the puzzle at the end.

Example 32.   *Example 33.*

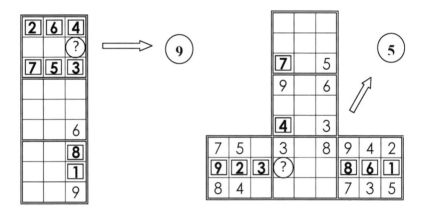

Example 34.

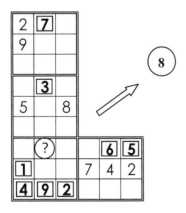

Puzzles

Very Easy

Puzzle # 1

4								3
	7	8	9		1	2	5	
	5		4		3		7	
	6	3	7		4	1	8	
				9				
	2	4	8		6	9	3	
	3		5		9		4	
	8	9	6		7	3	2	
2								6

I don't have any solution, but
I certainly admire the problem.
-- Ashleigh Brilliant

Puzzle # 2

4	1						5	9
2				6				8
			3	1	9			
		8				3		
	4	1		8		7	9	
		9				2		
			2	4	5			
5				3				6
1	7						4	3

A journey of a thousand miles begins with a single step.
-- Lao Tzu

Puzzle # 3

2								9
		8	2		3	4		
	5			9			6	
	4			8			7	
		7	3		6	8		
	6			2			3	
	7			6			4	
		3	9		8	1		
1								2

**Everything has its beauty,
but not everyone
sees it.**
-- Confucius

Puzzle # 4

1			8		4			7
	6	8				5	3	
	3			2			8	
4			6		1			3
		3				6		
5			4		3			1
	2			6			5	
	8	7				3	9	
3			2		8			6

**Fortune favors
only the prepared mind.**
-- Louis Pasteur

Puzzle # 5

			3		4			
	6	2		7		9	8	
	9						4	
1			9		2			5
	4			1			3	
3			6		5			8
	5						7	
	8	6		2		5	9	
			4		7			

Mistake, error, is the discipline through which we advance.
-- *William Ellery Channing*

Puzzle # 6

		3				6		
	1		8		6		4	
7				2				9
	3		9		1		2	
		6				7		
	4		7		2		3	
3				8				4
	2		4		9		8	
		1				2		

If you wish to arrive at the highest, begin from the lowest.
-- *Publius Syrus*

Puzzle # 7

			9	5	4			
		9				7		
		5				3		
			4	2	1			
	3	1				4	6	
9			7		6			8
8			5		7			9
4			1		2			5
	1	2				8	4	

I not only use all the brains I have, but all I can borrow.

-- *Thomas Woodrow Wilson*

Puzzle # 8

	2			9			7	
		8				9		
7			6		4			3
	4			1			9	
3		1	7		8	2		5
	5			2			3	
9			5		3			2
		2				4		
	7			6			8	

Old deeds for old people, and new deeds for new.
-- Henry David Thoreau

Puzzle # 9

4			5		2			9
	5	3				4	7	
				9				
3			7		6			5
		8				1		
5			1		3			6
				4				
	2	1				7	9	
7			9		8			3

Thinking makes the man.
-- Amos Bronson Alcott

Puzzle # 10

3	6				1	2		
4			7				5	
		8	4					3
	7	1			2			8
				4				
2			6			9	3	
7					5	8		
	1				3			6
		6	1				7	2

The first and the simplest emotion which we discover in the human mind, is Curiosity.

-- Edmund Burke

Puzzle # 11

9			7	3	5			6
		2				1		
	4						5	
		7					1	9
8			9	4	6			3
5	9					4		
	7						8	
		4				3		
6			1	5	8			4

Solitude is
the best nurse of wisdom.
-- Laurence Sterne

Puzzle # 12

			3	9			2	
	9	1						4
	7			4	8			
3				2		4		
9		5	7		3	2		8
		8		5				9
			4	6			7	
4						5	1	
	1			8	2			

This world is
but a canvas to our imaginations.
-- Henry David Thoreau

Puzzle # 13

	3					4	1	
	8	5			7			2
		1	4		9			6
			6		3			5
	4						7	
3			5		8			
6			8		4	5		
2			3			7	6	
	1	9					2	

It takes two to speak the truth, —
one to speak, and another to hear.
-- *Henry David Thoreau*

Puzzle # 14

9					4	5		7
	2			5			8	
		8	7					6
		9	4					1
	1			3			4	
2					9	7		
8					1	4		
	4			8			2	
1		6	2					3

**Every man is a volume,
if you know how to read him.**
-- William Ellery Channing

Puzzle # 15

8				7				4
	3		9		1		7	
		4				5		
	5		7		4		2	
9				6				7
	2		1		9		4	
		7				3		
	6		8		2		1	
1				3				9

Help yourself,
and Heaven will help you.
-- Jean de La Fontaine

Puzzle # 16

2			6		4			7
	6			5			1	
		8				9		
7			1		6			4
	3			8			2	
		1				3		
4			9		7			6
	2			1			5	
		9				2		

**Fortune
is like a market, where many times,
if you can stay a little,
the price will fall.**
-- Francis Bacon

Puzzle # 17

	8		2		9		6	
6				4				2
9				7				8
		6	3		1	8		
	5						9	
	9			8			4	
1			6		3			5
		5				7		
		2	8		7	6		

For I hold this
to be the golden rule of life,
"Too much of anything is bad."
-- Terence

Puzzle # 18

		6				1		
	1			6			8	
2			4		7			9
4			5		6			8
	5			2			4	
6			7		4			2
3			2		1			7
	8			5			6	
		9				2		

**To affect the quality of the day,
that is the highest of arts.**

-- Henry David Thoreau

Puzzle # 19

		9	1		6	4		
		7				9		
6	2			5			1	8
8			9		2			7
		1				3		
4			3		7			9
3	7			9			4	5
		8				6		
		4	5		8	2		

Self-trust
is the first secret of success.
-- *Ralph Waldo Emerson*

Puzzle # 20

		6				9		
5			4		2			1
	4			1			8	
	9			7			6	
7			1		5			3
	5			3			2	
	2			4			3	
3			9		7			5
		9				2		

Happy the people
whose annals are tiresome.
-- Charles de Montesquieu

Puzzle # 21

	4	2				1	6	
			7		4			
			9	1	2			
7			6		8			1
2	1						8	5
5			3		1			9
			2	7	6			
			1		5			
	6	5				3	7	

The mind conquers everything;
it gives even strength to the body.
-- Ovid

Puzzle # 22

		9		3		6		
	7			2			5	
3			6		9			4
2								7
	3	8	9		1	5	6	
1								3
6			7		2			5
	5			8			7	
		3		9		1		

**The secret of success
is constancy to purpose.**
-- Benjamin Disraeli

Puzzle # 23

	5	2				7	8	
3			9		7			5
				1				
4				2				9
	9	8	5		4	1	2	
5				6				8
				3				
2			1		6			7
	8	3				5	4	

They are able
because they think they are able.
-- Virgil

Puzzle # 24

8	4	2		1		9	6	3
9	3						2	5
1								4
			5	9	2			
4			3		7			1
			1	4	8			
6								7
5	8						9	2
7	9	1		3		4	5	8

Knowledge is power.
-- Francis Bacon

Puzzle # 25

		8				5		
	9		4		3		8	
	7		6		2		3	
	3		1		5		9	
		2				8		
4				7				2
6								7
	1			4			6	
		5	9		8	1		

Good humour may be said to be one of the very best articles of dress one can wear in society.

-- William Makepeace Thackeray

Puzzle # 26

6		8	3		1	4		7
		2		4		6		
	3						5	
	2			1			8	
9	1		2		5		6	3
			4		7			
		5				2		
		7		5		1		
8	6			2			9	5

I regret often that I have spoken, never that I have been silent.
-- *Publius Syrus*

Easy

Puzzle # 27

			9	2			8	5
	5	9						6
	6				4	3		
5			1			7		
7				4				2
		1			7			9
		6	7				5	
1						8	6	
8	2			5	3			

Men,
while they teach,
learn.
-- Seneca

Puzzle # 28

9			8		2			7
2				5				3
	8			7			4	
	3						2	
		7	6		1	9		
	1						3	
	6			2			7	
4				1				5
7			9		3			1

We must all obey
the great law of change.
It is the most powerful law of nature.
-- *Edmund Burke*

Puzzle # 29

			9	6	2			
		6				9		
	5	2				1	4	
5			1		7			8
4								7
2			3		9			4
	3	7				5	2	
		5				8		
			5	1	6			

To choose time,
is
to save time.
-- Francis Bacon

Puzzle # 30

			7	5				9
	6	9	4					
	3				8	5		
7	5				4	2		
8								6
		1	2				3	4
		5	9				1	
					3	6	8	
4				8	7			

**You must live in the present,
launch yourself on every wave,
find your eternity
in each moment.**
-- Henry David Thoreau

Puzzle # 31

			1	8	6			
		4	7		9	6		
	3						8	
1			5		8			4
3				2				1
2			9		3			5
	8						9	
		5	6		4	3		
			8	5	1			

The road by precepts is tedious, by example short and efficacious.
-- Seneca

Puzzle # 32

	6			4			5	
2	9						1	7
			3		7			
		4	7		2	1		
6								3
		2	9		8	6		
			8		5			
4	7						2	1
	5			7			8	

**Beauty is only
a promise of happiness.**
-- Stendhal

Puzzle # 33

			9	4	3			
	1	2				9	3	
	4		2		5		7	
	9			7			6	
8				5				2
			4		1			
		5				7		
	6						8	
		1	3	6	8	4		

Chiefly, the mould of a man's fortune is in his own hands.

-- Francis Bacon

Puzzle # 34

1	6						2	5
4			9		5			7
		9				8		
	8			7			3	
			6	1	8			
	2			5			6	
		3				2		
5			7		1			4
2	7						5	9

We place a happy life
in tranquillity of mind.
-- *Cicero*

Puzzle # 35

	5	1				3	2	
2			6		3			4
3			9		5			1
	9	3				6	1	
	2	5				7	3	
6			3		9			7
1			7		4			5
	4	7				9	6	

**Be sure
you put your feet
in the right place, then stand firm.**
-- Abraham Lincoln

Puzzle # 36

			5	6	3			
		4				9		
		5				6		
	7	6	9		8	1	4	
2								3
				5				
		9	3		2	7		
4								1
	2	1	7		9	3	5	

**Difficulties are meant to rouse,
not discourage. The human spirit is
to grow strong by conflict.**
-- William Ellery Channing

Puzzle # 37

	9	1				6	2	
6	3						8	5
5			7		4			9
		5		3		4		
			2		6			
		6		7		8		
1			9		5			8
3	2						4	7
	5	8				1	9	

There is no use of words;
believe what is before your eyes.
-- Ovid

Puzzle # 38

6	1						3	9
	3			5			6	
				2				
		7	5		8	1		
1		2				9		3
		4	3		2	5		
				6				
	4			7			1	
9	8						2	4

The reward of a thing well done
is to have done it.
-- Ralph Waldo Emerson

Puzzle # 39

5		8		6		4		2
			8				1	
	9				4			
4		1		3		7		
	7				8			9
			2				3	
		3		1				7
9			5			8		
	1				7		2	

**They must often change,
who would be constant
in happiness or wisdom.**
-- Confucius

Puzzle # 40

7	2						4	5
		1				8		
			7		6			
				7				
	7	3		8		1	2	
4			5		3			7
3								9
	1						6	
		7	4	3	8	2		

Patience is bitter,
but its fruit is sweet.
-- Jean-Jacques Rousseau

Puzzle # 41

8	4						5	9
1	2						3	6
			3	7	8			
		6		2		9		
	9			8			1	
		8		1		4		
			4	3	2			
3	6						4	1
9	7						8	2

**Have patience with all things,
but chiefly
have patience with yourself.**
-- Saint Francis de Sales

Puzzle # 42

		8	7					
	2			1		4	9	
	3				9			7
		2		3				6
	1		8		6		5	
7				5		1		
9			6					3
	4	5		8			2	
					4	7		

The best part of beauty is that
which a picture cannot express.
-- Francis Bacon

Puzzle # 43

	4	8	7		5	6	2	
				9				
3								4
	5	3				1	8	
			2		7			
	8	4				2	9	
1								2
				5				
	2	7	9		8	3	1	

**Imagination disposes of everything;
it creates beauty, justice, and
happiness, which are
everything in this world.**
-- Blaise Pascal

Puzzle # 44

	3			8			9	
2			7		5			4
		8				2		
	9		6		4		3	
5				3				8
	7		2		8		6	
		4				7		
6			3		9			5
	8			4			2	

Life consists not in living,
but in the feeling of enjoyment.
-- Martial

Medium

Puzzle # 45

6	9				1	3		
2					4			
		8	7				1	6
		5					7	
			7	2				
1	2		9				4	8
8						5	3	
		3	4		8	2		
		6			3			1

We can fix our eyes on perfection, and make almost everything speed us towards it.
-- *William Ellery Channing*

Puzzle # 46

		2				7		
4	1			8			2	9
			4		9			
	7	9				6	1	
8				1				5
	3	4				8	9	
			1		4			
9	5			3			7	6
		8				9		

I must find a truth that is true for me.

-- *Soren Aabye Kierkegaard*

Puzzle # 47

		9			1			4
6			5		7		8	
	1		8				9	
	4			3		8		
9								1
		8		6			5	
	5				6		7	
	7		3		4			6
4			2			3		

He that can have patience
can have what he will.
-- Benjamin Franklin

Puzzle # 48

3			9		8			7
		4				6		
	1			2			3	
9			3		2			6
		5				1		
8			6		7			5
	6			9			2	
		8				7		
5			7		1			8

**You cannot teach a man anything;
you can only help him
to find it within himself.**
-- Galileo Galilei

Puzzle # 49

		2	3		4	7		
	4			8			2	
	3			5			8	
		1	2		9	4		
		9	6		5	2		
	7			1			9	
	2			6			3	
		8	5		7	1		

There is nothing either good or bad, but thinking makes it so.
-- William Shakespeare

Puzzle # 50

			6				5	9
		2						3
	7			3	1	6		
8			5				7	
9			1					2
7				4	8			5
	3						8	
		5				2		
			8	2	6			

The universe
is wider than our views of it.
-- Henry David Thoreau

Puzzle # 51

		3	7		4	2		
	2						9	
6				1				4
1				3				7
		5	1		2	8		
2				9				3
4				7				8
	7						6	
		9	6		8	1		

**It is not the quantity,
but the quality of knowledge,
which determines the mind's dignity.**
-- *William Ellery Channing*

Puzzle # 52

	8	1				6	7	
3				1				2
4			8		5			9
		6				1		
	4			5			3	
1			9		2			7
		8				4		
	7	4				9	5	
			4	2	3			

A wise man
will make more opportunities
than he finds.
-- Francis Bacon

Puzzle # 53

		1	8		7	5		
7				6				4
	4			2			3	
			2		5			
	5	2				9	1	
			3		9			
	2			3			7	
6				9				1
		9	1		4	8		

There is a wisdom of the Head, and there is a wisdom of the Heart.
-- *Charles Dickens*

Puzzle # 54

			6	8	2			
	8	6				3	1	
4								8
8			5		9			6
	6			7			5	
9			1		3			7
6								5
	4	7				2	3	
			3	9	4			

**Put off:
a short delay
is of great advantage.**
-- Ovid

Puzzle # 55

	9	3				6	4	
	1			9			8	
			2		5			
7				1				9
8		1				4		7
5				2				3
			3		1			
	6			8			1	
	7	4				3	9	

**First keep the peace within yourself,
then you can also bring peace
to others.**

-- Thomas a Kempis

Puzzle # 56

	8						4	
		3		2		6		
7			9		5			2
	4			1			5	
		1				4		
	6			5			7	
2			3		9			1
		5		8		7		
	3						9	

Patience and time
do more
than strength or passion.
-- *Jean de La Fontaine*

Puzzle # 57

				1				
	2		3		7		4	
9		6				5		7
5				7				6
	7		4		5		2	
3				2				1
4		5				2		8
	6		9		4		3	
				6				

We know truth,
not only by the reason,
but also by the heart.
-- Blaise Pascal

Puzzle # 58

				1				
	2	7	5		9	8	1	
	4		6		3		7	
	1	3	9		5	2	4	
				7				
4				2				5
3			7		1			9
	5	2				1	8	

**Be merry
if you are wise.**
-- Martial

Puzzle # 59

		5	6		9	4		
		8				7		
3				8				5
	6		7		4		8	
			3		1			
	1		8		2		3	
5				4				1
		7				2		
		9	2		6	8		

**The great secret of success in life
is for a man to be ready
when his opportunity comes.**
-- Benjamin Disraeli

Puzzle # 60

2			5			1		
	5			4			3	
		8			7			2
7			1			8		
	9			2			6	
		1			6			4
4			6			5		
	3			8			1	
		7			2			8

**I am climbing a difficult road,
but the glory that attends success
gives me strength for the labour.**
-- Sextus Propertius

Puzzle # 61

4				7				6
		5	1		3	7		
	7						1	
	6			5			9	
3			9		2			1
	2			3			5	
	8						4	
		9	5		8	3		
7				6				2

**There is no excellent beauty,
that has not some strangeness
in the proportion.**
-- Francis Bacon

Puzzle # 62

	8			5			3	
6	2			3			1	5
			4		9			
		7				2		
3	1			6			9	7
		9				4		
			1		5			
8	7			4			5	6
	5			2			4	

**Success is sweet, the sweeter
if long delayed and attained through
manifold struggles and defeats.**
-- Amos Bronson Alcott

Puzzle # 63

				5				
		6	8		3	7		
1	5						4	2
7				2				1
		4	9		5	8		
8				6				4
3	2						7	6
		9	1		2	5		
				4				

Wisely, and slow:
they stumble that run fast.
-- William Shakespeare

Puzzle # 64

			8		7			
		8				2		
	5		6		3		4	
2		6	4		8	9		5
4		7	9		6	1		8
	9		1		5		7	
		2				4		
			3		2			

**The great pleasure in life
is doing
what people say you cannot do.**
-- Walter Bagehot

Puzzle # 65

3	9						5	1
8			7		3			9
		6				3		
	3			8			6	
			2		4			
	1			7			2	
		8				9		
5			6		9			8
2	6						7	4

**It is not because things are difficult
that we do not dare to attempt them,
but they are difficult
because we do not dare to do so.**

-- Seneca

Puzzle # 66

1			9		2			5
	3			5			6	
		7				1		
9			5		3			4
	6			2			7	
3			7		6			9
		1				5		
	2			9			3	
6			8		5			7

**The mystery of life
is not a problem to be solved;
it is a reality to be experienced.**
-- Soren Aabye Kierkegaard

Puzzle # 67

2								9
	6	4	7		8	2	3	
				9				
	9	1	5		3	8	2	
				4				
	2	8	1		9	5	6	
				5				
	5	7	3		1	4	9	
6								7

Our life is frittered away by detail ... simplify, simplify.
-- Henry David Thoreau

Puzzle # 68

				2				
		1	9		8	5		
	6						4	
9								6
8				5				7
	3		2		4		9	
		5		7		2		
				9				
	9	2	4		6	8	3	

**It is not the man who has little,
but he who desires more,
that is poor.**

-- Seneca

Puzzle # 69

2			3		5			9
	4	5		7		8	1	
	6						4	
1				3				6
	5		7		9		2	
6				8				5
	2						6	
	3	4		9		2	8	
9			1		8			4

I will prepare and some day
my chance will come.
-- Abraham Lincoln

Puzzle # 70

		8	6		4	9		
	5						8	
1				7				3
7								2
	1	9	8		3	5	4	
4								6
5				3				8
	9						2	
		6	4		5	3		

Sloth makes all things difficult, but industry all easy.

-- Benjamin Franklin

Puzzle # 71

4	8						5	6
7				6				8
			8		3			
		7		1		2		
	1		7	5	2		4	
		8		4		6		
			5		4			
1				9				4
8	7						2	9

**If I have ever made
any valuable discoveries,
it has been owing more
to patient attention,
than to any other talent.**

-- Isaac Newton

Puzzle # 72

7	2			1			3	4
		4		2		8		
		6				7		
	8						2	
5			3		4			6
	6						9	
		7				3		
		3		8		6		
9	5			7			4	1

While we are searching all things, sometimes we find the truth where we least expected it.

-- Quintilian

Hard

Puzzle # 73

					9	8		
	4			8			2	
6		3	4			5		
1			7		3	4		
	9						7	
		4	1		5			9
		7			4	9		6
	3			6			8	
		8	2					

**I must attempt new ways, by which
I may raise myself from the ground
and wing my flight to fame.**
-- Virgil

Puzzle # 74

			2		7			
	5	9		3		6	4	
		8				5		
			7		2			
1	3			9			8	5
		4		1		7		
	6	1				8	9	
		2	8		3	1		
				6				

The mind is not a vessel to be filled, but a fire to be kindled.

-- Plutarch

Puzzle # 75

		7	8		3	1		
1				7				5
6								8
		9	6		1	5		
2				5				3
		1	7		8	9		
7								4
9				6				2
		8	2		4	7		

**Always bear in mind that
your own resolution to succeed,
is more important
than any other one thing.**

-- Abraham Lincoln

Puzzle # 76

			2		9			
1		2				7		5
	9			7			8	
	3		7		2		1	
	4		9		1		6	
	2		3		8		5	
	6			1			7	
9		5				3		6
			4		6			

To be content with what one has is the greatest and truest of riches.
-- *Cicero*

Puzzle # 77

		6		9		3		
		4		7		2		
	9			5			1	
3			8		7			4
		2				1		
4			9		2			5
	1			3			6	
		3		2		7		
		7		8		4		

He who never leaves his country
is full of prejudices.
-- Carlo Goldoni

Puzzle # 78

				8				
	8	2					3	6	
7			1		5			8
3			4	1	6			9
8				7				2
9	5						1	6
	4						9	
		1	7		8	5		
				6				

**A loving heart
was better and stronger than
wisdom....**
-- Charles Dickens

Puzzle # 79

	9	5	2		8	6	1	
		4				2		
1			9		3			5
6				8				3
9			7		5			4
		1				8		
	8	2	1		9	3	5	

Many things, difficult
in their nature, are made easy
by good management.
-- Livy

Puzzle # 80

		1	4	3	7	5		
	5							9
4			1	2	8			3
2		5				1		6
3			7	6	5			4
	8						7	
		2	9	8	4	3		

Let every man employ himself in the business with which he is best acquainted.

-- Propertius

Puzzle # 81

	3	5				2	4	
9	6		4		3		5	1
4				8				3
	7			4			3	
		9				5		
2			5		7			6
8				9				5
3		2				4		9
			2	5	1			

It is the heart always that sees,
before the head can see.
-- Thomas Carlyle

Puzzle # 82

7		2				4		5
				7				
8			4		1			7
	9			1			3	
1			9		2			8
		4	3		5	1		
	2			3			7	
5								4
			1		9			

The best remedy for injuries is to forget them.
-- Publius Syrus

Puzzle # 83

2	3						1	5
		7	8		5	4		
6				5				4
	8						7	
1				6				2
		2	7		9	3		
5	4						9	6

Tomorrow will give something as food for thought.
-- Cicero

Puzzle # 84

2	9						7	4
	1						5	
		8	3		1	2		
			4		3			
				6				
			7		9			
		2	6		7	8		
	5						3	
1	7						9	5

**It is never too late
to give up our prejudices.**
-- Henry David Thoreau

Puzzle # 85

				8				
		3	9		7	2		
6	7	9				1	8	4
9								3
		2		6		8		
1								7
4	3	5				6	1	2
		6	1		5	3		
				4				

The struggle alone pleases us,
not the victory.
-- Blaise Pascal

Puzzle # 86

	7			1			5	
2			5		4			9
1			3		2			6
	5						7	
4			6		9			8
6			1		7			2
	3			8			4	

**How often
Fortune blindly brings about
More than we dare to hope for!**
-- Terence

Puzzle # 87

1				4				9
		5				6		
	3			9			8	
8			2		4			1
7			1		5			6
3			8		9			5
	7			2			3	
		6				9		
5				8				2

We do not all admire and love the same thing.
-- Horace

Puzzle # 88

	3						2	
1	6			8			5	9
			4	5				
		8	9		7			
	7	2		1		3	8	
			8		2	7		
			5	6				
5	1			9			4	3
	9						7	

**Even the ablest pilots
are willing to receive advice
from passengers
in tempestuous weather.**

-- Cicero

Puzzle # 89

	6						1	
1		3				2		4
			9		7			
8				4				1
6	4						3	8
5				8				7
			6		1			
2		1				5		6
	7						9	

**Nobody can give you wiser advice
than yourself; you will never err
if you listen to your own suggestions.**

-- Cicero

Puzzle # 90

2	7						9	1
9			4					3
				5				
	3				6			
5		8				2		6
			5				4	
				6				
1					2			9
4	9						5	7

**Every failure
teaches a man something,
if he will learn.**
-- Charles Dickens

Puzzle # 91

	2			3	9			
		1						7
			8				6	
8			6		4	7		
4								9
		6	5		7			1
	9				2			
5						4		
			1	8			2	

Life is a series of surprises.
-- Ralph Waldo Emerson

Puzzle # 92

	4				2	8		
1	3						4	
				1				9
				8				3
		5		6		2		
9			4					
3				9				
	8						6	1
		2	5				7	

To be free from faults
is a great comfort.
-- *Cicero*

Puzzle # 93

6			7		4			2
			1		2			
		9				3		
	2						9	
3				8				7
	4						2	
		5				1		
			6		9			
7			4		8			6

I think, therefore I exist.
-- René Descartes

Puzzle # 94

	9						2	
3	6						1	7
			7		5			
		8	9		6	4		
				2				
		5	4		3	2		
			3		8			
9	2						6	1
	4						3	

Before you act, consider;
when you have considered,
tis fully time to act.
-- Sallust

Puzzle # 95

	7				8	5		
2				3			1	
	8			4			9	
					3	8		
	3	4	2					
9				1			2	
8				7				4
3				5			6	
	5	9	1					

Small draughts of knowledge lead to atheism, but larger bring man back to God.

-- Francis Bacon

Puzzle # 96

		9	6				8	
	6							2
3				4	7			6
	2				8			
		7				1		
			5				9	
5			2	1				3
1							5	
	8				9	4		

**Love
makes everything that is heavy,
light.**
-- Thomas a Kempis

Puzzle # 97

	8			4			3	
9					6			5
				7		4		
			2				8	
8		1				7		9
	3				5			
		7		6				
2			3					4
	5			1			2	

**They are ill discoverers
that think there is no land,
when they can see nothing but sea.**
-- Francis Bacon

Puzzle # 98

	9	1				8	4	
				3				
6		8		2		3		9
4								1
		9	4		7	6		
2								7
5		2		9		7		6
				1				
	7	3				5	9	

The less of routine, the more of life.
-- *Amos Bronson Alcott*

Puzzle # 99

9							2	
	5				8			6
		3			4	7		
			8			9	3	
				3				
	6	4			2			
		1	6			3		
2			7				9	
	8							2

Life can only be understood backwards; but it must be lived forwards.

-- Soren Aabye Kierkegaard

Puzzle # 100

			7		6			
9				5				7
	4						2	
		9				5		
		1	8	2	3	9		
		6				1		
	5						4	
2				4				6
			3		1			

Everything comes to an end
which has a beginning.
-- Quintilian

My Favourite Quotes

Solutions

1

4	9	6	2	7	5	8	1	3
3	7	8	9	6	1	2	5	4
1	5	2	4	8	3	6	7	9
9	6	3	7	5	4	1	8	2
8	1	5	3	9	2	4	6	7
7	2	4	8	1	6	9	3	5
6	3	1	5	2	9	7	4	8
5	8	9	6	4	7	3	2	1
2	4	7	1	3	8	5	9	6

2

4	1	3	7	2	8	6	5	9
2	9	7	5	6	4	1	3	8
8	6	5	3	1	9	4	7	2
7	2	8	9	5	1	3	6	4
3	4	1	6	8	2	7	9	5
6	5	9	4	7	3	2	8	1
9	3	6	2	4	5	8	1	7
5	8	4	1	3	7	9	2	6
1	7	2	8	9	6	5	4	3

3

2	3	4	6	1	7	5	8	9
6	9	8	2	5	3	4	1	7
7	5	1	8	9	4	2	6	3
3	4	2	5	8	9	6	7	1
9	1	7	3	4	6	8	2	5
8	6	5	7	2	1	9	3	4
5	7	9	1	6	2	3	4	8
4	2	3	9	7	8	1	5	6
1	8	6	4	3	5	7	9	2

4

1	5	9	8	3	4	2	6	7
2	6	8	7	1	9	5	3	4
7	3	4	5	2	6	1	8	9
4	9	2	6	5	1	8	7	3
8	1	3	9	7	2	6	4	5
5	7	6	4	8	3	9	2	1
9	2	1	3	6	7	4	5	8
6	8	7	1	4	5	3	9	2
3	4	5	2	9	8	7	1	6

5

8	1	7	3	9	4	6	5	2
4	6	2	5	7	1	9	8	3
5	9	3	2	8	6	1	4	7
1	7	8	9	3	2	4	6	5
6	4	5	7	1	8	2	3	9
3	2	9	6	4	5	7	1	8
2	5	4	8	6	9	3	7	1
7	8	6	1	2	3	5	9	4
9	3	1	4	5	7	8	2	6

6

8	5	3	1	9	4	6	7	2
9	1	2	8	7	6	5	4	3
7	6	4	5	2	3	8	1	9
5	3	7	9	6	1	4	2	8
2	9	6	3	4	8	7	5	1
1	4	8	7	5	2	9	3	6
3	7	9	2	8	5	1	6	4
6	2	5	4	1	9	3	8	7
4	8	1	6	3	7	2	9	5

7

3	7	6	9	5	4	2	8	1
2	8	9	6	1	3	7	5	4
1	4	5	2	7	8	3	9	6
6	5	8	4	2	1	9	7	3
7	3	1	8	9	5	4	6	2
9	2	4	7	3	6	5	1	8
8	6	3	5	4	7	1	2	9
4	9	7	1	8	2	6	3	5
5	1	2	3	6	9	8	4	7

8

4	2	3	8	9	1	5	7	6
5	6	8	2	3	7	9	4	1
7	1	9	6	5	4	8	2	3
2	4	6	3	1	5	7	9	8
3	9	1	7	4	8	2	6	5
8	5	7	9	2	6	1	3	4
9	8	4	5	7	3	6	1	2
6	3	2	1	8	9	4	5	7
1	7	5	4	6	2	3	8	9

9

4	8	6	5	7	2	3	1	9
9	5	3	8	6	1	4	7	2
1	7	2	3	9	4	5	6	8
3	1	4	7	2	6	9	8	5
2	6	8	4	5	9	1	3	7
5	9	7	1	8	3	2	4	6
6	3	9	2	4	7	8	5	1
8	2	1	6	3	5	7	9	4
7	4	5	9	1	8	4	2	3

10

3	6	7	5	9	1	2	8	4
4	2	9	7	3	8	6	5	1
1	5	8	4	2	6	7	9	3
9	7	1	3	5	2	4	6	8
6	3	5	8	4	9	1	2	7
2	8	4	6	1	7	9	3	5
7	4	3	2	6	5	8	1	9
8	1	2	9	7	3	5	4	6
5	9	6	1	8	4	3	7	2

11

9	1	8	7	3	5	2	4	6
7	5	2	4	6	9	1	3	8
3	4	6	2	8	1	9	5	7
4	6	7	5	2	3	8	1	9
8	2	1	9	4	6	5	7	3
5	9	3	8	1	7	4	6	2
2	7	5	3	9	4	6	8	1
1	8	4	6	7	2	3	9	5
6	3	9	1	5	8	7	2	4

12

8	5	4	3	9	6	1	2	7
6	9	1	2	7	5	3	8	4
2	7	3	1	4	8	6	9	5
3	6	7	8	2	9	4	5	1
9	4	5	7	1	3	2	6	8
1	2	8	6	5	4	7	3	9
5	3	9	4	6	1	8	7	2
4	8	2	9	3	7	5	1	6
7	1	6	5	8	2	9	4	3

13

9	3	6	2	8	5	4	1	7
4	8	5	1	6	7	9	3	2
7	2	1	4	3	9	8	5	6
1	9	7	6	4	3	2	8	5
5	4	8	9	1	2	6	7	3
3	6	2	5	7	8	1	4	9
6	7	3	8	2	4	5	9	1
2	5	4	3	9	1	7	6	8
8	1	9	7	5	6	3	2	4

14

9	6	3	8	2	4	5	1	7
7	2	1	9	5	6	3	8	4
4	5	8	7	1	3	2	9	6
5	8	9	4	7	2	6	3	1
6	1	7	5	3	8	9	4	2
2	3	4	1	6	9	7	5	8
8	7	2	3	9	1	4	6	5
3	4	5	6	8	7	1	2	9
1	9	6	2	4	5	8	7	3

15

8	1	9	6	7	5	2	3	4
2	3	5	9	4	1	6	7	8
6	7	4	3	2	8	5	9	1
3	5	1	7	8	4	9	2	6
9	4	8	2	6	3	1	5	7
7	2	6	1	5	9	8	4	3
5	9	7	4	1	6	3	8	2
4	6	3	8	9	2	7	1	5
1	8	2	5	3	7	4	6	9

16

2	1	5	6	9	4	8	3	7
9	6	7	3	5	8	4	1	2
3	4	8	2	7	1	9	6	5
7	8	2	1	3	6	5	9	4
5	3	4	7	8	9	6	2	1
6	9	1	5	4	2	3	7	8
4	5	3	9	2	7	1	8	6
8	2	6	4	1	3	7	5	9
1	7	9	8	6	5	2	4	3

17

5	8	7	2	3	9	1	6	4
6	1	3	5	4	8	9	7	2
9	2	4	1	7	6	5	3	8
2	4	6	3	9	1	8	5	7
7	5	8	4	6	2	3	9	1
3	9	1	7	8	5	2	4	6
1	7	9	6	2	3	4	8	5
8	6	5	9	1	4	7	2	3
4	3	2	8	5	7	6	1	9

18

9	7	6	8	3	5	1	2	4
5	1	4	9	6	2	7	8	3
2	3	8	4	1	7	6	5	9
4	2	1	5	9	6	3	7	8
8	5	7	1	2	3	9	4	6
6	9	3	7	8	4	5	1	2
3	6	5	2	4	1	8	9	7
7	8	2	3	5	9	4	6	1
1	4	9	6	7	8	2	3	5

19

5	8	9	1	7	6	4	3	2
1	4	7	8	2	3	9	5	6
6	2	3	4	5	9	7	1	8
8	3	5	9	4	2	1	6	7
7	9	1	6	8	5	3	2	4
4	6	2	3	1	7	5	8	9
3	7	6	2	9	1	8	4	5
2	5	8	7	3	4	6	9	1
9	1	4	5	6	8	2	7	3

20

2	1	6	7	8	3	9	5	4
5	3	8	4	9	2	6	7	1
9	4	7	5	1	6	3	8	2
1	9	3	2	7	4	5	6	8
7	8	2	1	6	5	4	9	3
6	5	4	8	3	9	1	2	7
8	2	5	6	4	1	7	3	9
3	6	1	9	2	7	8	4	5
4	7	9	3	5	8	2	1	6

21

9	4	2	5	8	3	1	6	7
3	5	1	7	6	4	9	2	8
6	7	8	9	1	2	4	5	3
7	9	4	6	5	8	2	3	1
2	1	3	4	9	7	6	8	5
5	8	6	3	2	1	7	4	9
8	3	9	2	7	6	5	1	4
4	2	7	1	3	5	8	9	6
1	6	5	8	4	9	3	7	2

22

5	4	9	8	3	7	6	2	1
8	7	6	1	2	4	3	5	9
3	1	2	6	5	9	7	8	4
2	9	5	3	6	8	4	1	7
4	3	8	9	7	1	5	6	2
1	6	7	2	4	5	8	9	3
6	8	4	7	1	2	9	3	5
9	5	1	4	8	3	2	7	6
7	2	3	5	9	6	1	4	8

23

9	5	2	6	4	3	7	8	1
3	1	4	9	8	7	2	6	5
8	7	6	2	1	5	3	9	4
4	3	7	8	2	1	6	5	9
6	9	8	5	7	4	1	2	3
5	2	1	3	6	9	4	7	8
7	6	5	4	3	8	9	1	2
2	4	9	1	5	6	8	3	7
1	8	3	7	9	2	5	4	6

24

8	4	2	7	1	5	9	6	3
9	3	7	6	8	4	1	2	5
1	6	5	9	2	3	8	7	4
3	1	8	5	9	2	7	4	6
4	5	9	3	6	7	2	8	1
2	7	6	1	4	8	5	3	9
6	2	4	8	5	9	3	1	7
5	8	3	4	7	1	6	9	2
7	9	1	2	3	6	4	5	8

25

3	4	8	7	1	9	5	2	6
2	9	6	4	5	3	7	8	1
5	7	1	6	8	2	4	3	9
8	3	7	1	2	5	6	9	4
1	6	2	3	9	4	8	7	5
4	5	9	8	7	6	3	1	2
6	8	4	2	3	1	9	5	7
9	1	3	5	4	7	2	6	8
7	2	5	9	6	8	1	4	3

26

6	5	8	3	9	1	4	2	7
1	7	2	5	4	8	6	3	9
4	3	9	6	7	2	8	5	1
7	2	3	9	1	6	5	8	4
9	1	4	2	8	5	7	6	3
5	8	6	4	3	7	9	1	2
3	4	5	1	6	9	2	7	8
2	9	7	8	5	3	1	4	6
8	6	1	7	2	4	3	9	5

27

3	1	7	9	2	6	4	8	5
4	5	9	3	7	8	1	2	6
2	6	8	5	1	4	3	9	7
5	4	2	1	6	9	7	3	8
7	9	3	8	4	5	6	1	2
6	8	1	2	3	7	5	4	9
9	3	6	7	8	1	2	5	4
1	7	5	4	9	2	8	6	3
8	2	4	6	5	3	9	7	1

28

9	4	3	8	6	2	5	1	7
2	7	6	1	5	4	8	9	3
1	8	5	3	7	9	6	4	2
5	3	9	4	8	7	1	2	6
8	2	7	6	3	1	9	5	4
6	1	4	2	9	5	7	3	8
3	6	1	5	2	8	4	7	9
4	9	2	7	1	6	3	8	5
7	5	8	9	4	3	2	6	1

29

3	1	4	9	6	2	7	8	5
7	8	6	4	5	1	9	3	2
9	5	2	7	3	8	1	4	6
5	6	3	1	4	7	2	9	8
4	9	8	6	2	5	3	1	7
2	7	1	3	8	9	6	5	4
6	3	7	8	9	4	5	2	1
1	4	5	2	7	3	8	6	9
8	2	9	5	1	6	4	7	3

30

2	4	8	7	5	1	3	6	9
5	6	9	4	3	2	1	7	8
1	3	7	6	9	8	5	4	2
7	5	3	8	6	4	2	9	1
8	2	4	3	1	9	7	5	6
6	9	1	2	7	5	8	3	4
3	8	5	9	2	6	4	1	7
9	7	2	1	4	3	6	8	5
4	1	6	5	8	7	9	2	3

31

5	9	2	1	8	6	7	4	3
8	1	4	7	3	9	6	5	2
6	3	7	2	4	5	1	8	9
1	7	9	5	6	8	2	3	4
3	5	8	4	2	7	9	6	1
2	4	6	9	1	3	8	7	5
4	8	1	3	7	2	5	9	6
7	2	5	6	9	4	3	1	8
9	6	3	8	5	1	4	2	7

32

8	6	7	1	4	9	3	5	2
2	9	3	5	8	6	4	1	7
1	4	5	3	2	7	8	6	9
5	3	4	7	6	2	1	9	8
6	8	9	4	5	1	2	7	3
7	1	2	9	3	8	6	4	5
9	2	6	8	1	5	7	3	4
4	7	8	6	9	3	5	2	1
3	5	1	2	7	4	9	8	6

33

6	7	8	9	4	3	2	1	5
5	1	2	7	8	6	9	3	4
9	4	3	2	1	5	6	7	8
1	9	4	8	7	2	5	6	3
8	3	7	6	5	9	1	4	2
2	5	6	4	3	1	8	9	7
3	8	5	1	9	4	7	2	6
4	6	9	5	2	7	3	8	1
7	2	1	3	6	8	4	5	9

34

1	6	8	3	4	7	9	2	5
4	3	2	9	8	5	6	1	7
7	5	9	1	6	2	8	4	3
6	8	5	2	7	9	4	3	1
3	4	7	6	1	8	5	9	2
9	2	1	4	5	3	7	6	8
8	1	3	5	9	4	2	7	6
5	9	6	7	2	1	3	8	4
2	7	4	8	3	6	1	5	9

35

9	5	1	4	7	8	3	2	6
2	7	8	6	1	3	5	9	4
3	6	4	9	2	5	8	7	1
8	9	3	5	4	7	6	1	2
7	1	6	8	3	2	4	5	9
4	2	5	1	9	6	7	3	8
6	8	2	3	5	9	1	4	7
1	3	9	7	6	4	2	8	5
5	4	7	2	8	1	9	6	3

36

9	8	2	5	6	3	4	1	7
7	6	4	8	2	1	9	3	5
3	1	5	4	9	7	6	2	8
5	7	6	9	3	8	1	4	2
2	9	8	1	7	4	5	6	3
1	4	3	2	5	6	8	7	9
6	5	9	3	1	2	7	8	4
4	3	7	6	8	5	2	9	1
8	2	1	7	4	9	3	5	6

37

7	9	1	5	8	3	6	2	4
6	3	4	1	9	2	7	8	5
5	8	2	7	6	4	3	1	9
9	7	5	8	3	1	4	6	2
8	4	3	2	5	6	9	7	1
2	1	6	4	7	9	8	5	3
1	6	7	9	4	5	2	3	8
3	2	9	6	1	8	5	4	7
4	5	8	3	2	7	1	9	6

38

6	1	5	4	8	7	2	3	9
2	3	8	9	5	1	4	6	7
4	7	9	6	2	3	8	5	1
3	6	7	5	9	8	1	4	2
1	5	2	7	4	6	9	8	3
8	9	4	3	1	2	5	7	6
7	2	1	8	6	4	3	9	5
5	4	3	2	7	9	6	1	8
9	8	6	1	3	5	7	2	4

39

5	3	8	7	6	1	4	9	2
7	6	4	8	9	2	3	1	5
1	9	2	3	5	4	6	7	8
4	2	1	9	3	5	7	8	6
3	7	6	1	4	8	2	5	9
8	5	9	2	7	6	1	3	4
2	8	3	6	1	9	5	4	7
9	4	7	5	2	3	8	6	1
6	1	5	4	8	7	9	2	3

40

7	2	6	8	9	1	3	4	5
9	4	1	3	2	5	8	7	6
8	3	5	7	4	6	9	1	2
1	6	9	2	7	4	5	3	8
5	7	3	6	8	9	1	2	4
4	8	2	5	1	3	6	9	7
3	5	4	1	6	2	7	8	9
2	1	8	9	5	7	4	6	3
6	9	7	4	3	8	2	5	1

41

8	4	3	2	6	1	7	5	9
1	2	7	9	4	5	8	3	6
6	5	9	3	7	8	1	2	4
4	1	6	5	2	3	9	7	8
7	9	5	6	8	4	2	1	3
2	3	8	7	1	9	4	6	5
5	8	1	4	3	2	6	9	7
3	6	2	8	9	7	5	4	1
9	7	4	1	5	6	3	8	2

42

5	9	8	7	4	3	2	6	1
6	2	7	5	1	8	4	9	3
1	3	4	2	6	9	5	8	7
8	5	2	4	3	1	9	7	6
4	1	9	8	7	6	3	5	2
7	6	3	9	5	2	1	4	8
9	7	1	6	2	5	8	3	4
3	4	5	1	8	7	6	2	9
2	8	6	3	9	4	7	1	5

43

9	4	8	7	3	5	6	2	1
5	6	2	4	9	1	7	3	8
3	7	1	8	2	6	9	5	4
2	5	3	6	4	9	1	8	7
6	1	9	2	8	7	5	4	3
7	8	4	5	1	3	2	9	6
1	9	5	3	7	4	8	6	2
8	3	6	1	5	2	4	7	9
4	2	7	9	6	8	3	1	5

44

7	3	5	4	8	2	1	9	6
2	1	6	7	9	5	3	8	4
9	4	8	1	6	3	2	5	7
8	9	1	6	7	4	5	3	2
5	6	2	9	3	1	4	7	8
4	7	3	2	5	8	9	6	1
3	5	4	8	2	6	7	1	9
6	2	7	3	1	9	8	4	5
1	8	9	5	4	7	6	2	3

45

6	9	4	5	8	1	3	2	7
2	7	1	6	3	4	8	9	5
5	3	8	7	2	9	4	1	6
3	8	5	1	4	6	9	7	2
4	6	9	8	7	2	1	5	3
1	2	7	3	9	5	6	4	8
8	1	2	9	6	7	5	3	4
7	5	3	4	1	8	2	6	9
9	4	6	2	5	3	7	8	1

46

6	9	2	3	5	1	7	8	4
4	1	3	7	8	6	5	2	9
7	8	5	4	2	9	1	6	3
5	7	9	8	4	3	6	1	2
8	2	6	9	1	7	3	4	5
1	3	4	5	6	2	8	9	7
3	6	7	1	9	4	2	5	8
9	5	1	2	3	8	4	7	6
2	4	8	6	7	5	9	3	1

47

7	8	9	6	2	1	5	3	4
6	3	4	5	9	7	1	8	2
2	1	5	8	4	3	6	9	7
5	4	7	1	3	2	8	6	9
9	6	3	7	8	5	2	4	1
1	2	8	4	6	9	7	5	3
3	5	2	9	1	6	4	7	8
8	7	1	3	5	4	9	2	6
4	9	6	2	7	8	3	1	5

48

3	5	6	9	4	8	2	1	7
2	8	4	1	7	3	6	5	9
7	1	9	5	2	6	8	3	4
9	7	1	3	5	2	4	8	6
6	3	5	4	8	9	1	7	2
8	4	2	6	1	7	3	9	5
1	6	7	8	9	4	5	2	3
4	9	8	2	3	5	7	6	1
5	2	3	7	6	1	9	4	8

49

8	1	2	3	9	4	7	6	5
9	4	5	7	8	6	3	2	1
6	3	7	1	5	2	9	8	4
7	6	1	2	3	9	4	5	8
2	5	3	8	4	1	6	7	9
4	8	9	6	7	5	2	1	3
5	7	6	4	1	3	8	9	2
1	2	4	9	6	8	5	3	7
3	9	8	5	2	7	1	4	6

50

3	1	8	6	7	2	4	5	9
6	4	2	9	8	5	7	1	3
5	7	9	4	3	1	6	2	8
8	2	4	5	9	3	1	7	6
9	5	3	1	6	7	8	4	2
7	6	1	2	4	8	3	9	5
2	3	6	7	5	4	9	8	1
4	8	5	3	1	9	2	6	7
1	9	7	8	2	6	5	3	4

51

9	1	3	7	5	4	2	8	6
5	2	4	3	8	6	7	9	1
6	8	7	2	1	9	3	5	4
1	9	8	4	3	5	6	2	7
7	3	5	1	6	2	8	4	9
2	4	6	8	9	7	5	1	3
4	6	2	5	7	1	9	3	8
8	7	1	9	2	3	4	6	5
3	5	9	6	4	8	1	7	2

52

5	8	1	2	3	9	6	7	4
3	9	7	6	1	4	5	8	2
4	6	2	8	7	5	3	1	9
7	2	6	3	4	8	1	9	5
8	4	9	7	5	1	2	3	6
1	5	3	9	6	2	8	4	7
6	3	8	5	9	7	4	2	1
2	7	4	1	8	6	9	5	3
9	1	5	4	2	3	7	6	8

53

2	3	1	8	4	7	5	9	6
7	9	8	5	6	3	1	2	4
5	4	6	9	2	1	7	3	8
9	1	3	2	8	5	6	4	7
8	5	2	4	7	6	9	1	3
4	6	7	3	1	9	2	8	5
1	2	5	6	3	8	4	7	9
6	8	4	7	9	2	3	5	1
3	7	9	1	5	4	8	6	2

54

3	1	5	6	8	2	7	9	4
7	8	6	9	4	5	3	1	2
4	9	2	7	3	1	5	6	8
8	7	3	5	2	9	1	4	6
2	6	1	4	7	8	9	5	3
9	5	4	1	6	3	8	2	7
6	3	9	2	1	7	4	8	5
1	4	7	8	5	6	2	3	9
5	2	8	3	9	4	6	7	1

55

2	9	3	1	7	8	6	4	5
6	1	5	4	9	3	7	8	2
4	8	7	2	6	5	9	3	1
7	3	6	5	1	4	8	2	9
8	2	1	9	3	6	4	5	7
5	4	9	8	2	7	1	6	3
9	5	8	3	4	1	2	7	6
3	6	2	7	8	9	5	1	4
1	7	4	6	5	2	3	9	8

56

6	8	2	7	3	1	9	4	5
9	5	3	4	2	8	6	1	7
7	1	4	9	6	5	3	8	2
8	4	7	6	1	3	2	5	9
5	2	1	8	9	7	4	3	6
3	6	9	2	5	4	1	7	8
2	7	8	3	4	9	5	6	1
4	9	5	1	8	6	7	2	3
1	3	6	5	7	2	8	9	4

57

7	5	4	6	1	9	3	8	2
1	2	8	3	5	7	6	4	9
9	3	6	2	4	8	5	1	7
5	8	2	1	7	3	4	9	6
6	7	1	4	9	5	8	2	3
3	4	9	8	2	6	7	5	1
4	9	5	7	3	1	2	6	8
2	6	7	9	8	4	1	3	5
8	1	3	5	6	2	9	7	4

58

8	3	9	2	1	7	5	6	4
6	2	7	5	4	9	8	1	3
5	4	1	6	8	3	9	7	2
7	1	3	9	6	5	2	4	8
2	8	5	3	7	4	6	9	1
4	9	6	1	2	8	7	3	5
3	6	8	7	5	1	4	2	9
9	5	2	4	3	6	1	8	7
1	7	4	8	9	2	3	5	6

59

2	7	5	6	3	9	4	1	8
6	4	8	1	2	5	7	9	3
3	9	1	4	8	7	6	2	5
9	6	3	7	5	4	1	8	2
8	5	2	3	6	1	9	4	7
7	1	4	8	9	2	5	3	6
5	2	6	9	4	8	3	7	1
4	8	7	5	1	3	2	6	9
1	3	9	2	7	6	8	5	4

60

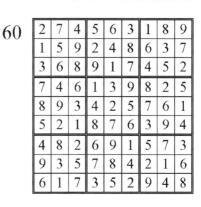

2	7	4	5	6	3	1	8	9
1	5	9	2	4	8	6	3	7
3	6	8	9	1	7	4	5	2
7	4	6	1	3	9	8	2	5
8	9	3	4	2	5	7	6	1
5	2	1	8	7	6	3	9	4
4	8	2	6	9	1	5	7	3
9	3	5	7	8	4	2	1	6
6	1	7	3	5	2	9	4	8

61

4	1	2	8	7	5	9	3	6
6	9	5	1	4	3	7	2	8
8	7	3	2	9	6	4	1	5
1	6	8	7	5	4	2	9	3
3	5	4	9	8	2	6	7	1
9	2	7	6	3	1	8	5	4
5	8	6	3	2	7	1	4	9
2	4	9	5	1	8	3	6	7
7	3	1	4	6	9	5	8	2

62

9	8	1	6	5	2	7	3	4
6	2	4	8	3	7	9	1	5
7	3	5	4	1	9	6	2	8
5	4	7	3	9	8	2	6	1
3	1	8	2	6	4	5	9	7
2	6	9	5	7	1	4	8	3
4	9	6	1	8	5	3	7	2
8	7	2	9	4	3	1	5	6
1	5	3	7	2	6	8	4	9

63

9	7	3	2	5	4	1	6	8
2	4	6	8	1	3	7	9	5
1	5	8	6	9	7	3	4	2
7	9	5	4	2	8	6	3	1
6	1	4	9	3	5	8	2	7
8	3	2	7	6	1	9	5	4
3	2	1	5	8	9	4	7	6
4	6	9	1	7	2	5	8	3
5	8	7	3	4	6	2	1	9

64

6	2	4	8	9	7	3	5	1
3	7	8	5	1	4	2	9	6
1	5	9	6	2	3	8	4	7
2	1	6	4	7	8	9	3	5
9	8	5	2	3	1	7	6	4
4	3	7	9	5	6	1	2	8
8	9	3	1	4	5	6	7	2
5	6	2	7	8	9	4	1	3
7	4	1	3	6	2	5	8	9

65

3	9	4	8	6	2	7	5	1
8	2	1	7	5	3	6	4	9
7	5	6	4	9	1	3	8	2
9	3	2	1	8	5	4	6	7
6	8	7	2	3	4	1	9	5
4	1	5	9	7	6	8	2	3
1	4	8	5	2	7	9	3	6
5	7	3	6	4	9	2	1	8
2	6	9	3	1	8	5	7	4

66

1	8	6	9	7	2	3	4	5
2	3	9	4	5	1	7	6	8
4	5	7	3	6	8	1	9	2
9	7	2	5	8	3	6	1	4
5	6	4	1	2	9	8	7	3
3	1	8	7	4	6	2	5	9
7	9	1	2	3	4	5	8	6
8	2	5	6	9	7	4	3	1
6	4	3	8	1	5	9	2	7

67

2	8	5	4	3	6	7	1	9
9	6	4	7	1	8	2	3	5
1	7	3	2	9	5	6	4	8
7	9	1	5	6	3	8	2	4
5	3	6	8	4	2	9	7	1
4	2	8	1	7	9	5	6	3
3	4	9	6	5	7	1	8	2
8	5	7	3	2	1	4	9	6
6	1	2	9	8	4	3	5	7

68

4	5	9	6	2	1	7	8	3
3	7	1	9	4	8	5	6	2
2	6	8	7	3	5	9	4	1
9	2	4	1	8	7	3	5	6
8	1	6	3	5	9	4	2	7
5	3	7	2	6	4	1	9	8
6	4	5	8	7	3	2	1	9
1	8	3	5	9	2	6	7	4
7	9	2	4	1	6	8	3	5

69

2	1	8	3	4	5	6	7	9
3	4	5	9	7	6	8	1	2
7	6	9	8	1	2	5	4	3
1	8	2	5	3	4	7	9	6
4	5	3	7	6	9	1	2	8
6	9	7	2	8	1	4	3	5
8	2	1	4	5	3	9	6	7
5	3	4	6	9	7	2	8	1
9	7	6	1	2	8	3	5	4

70

3	2	8	6	5	4	9	7	1
9	5	7	3	1	2	6	8	4
1	6	4	9	7	8	2	5	3
7	3	5	1	4	6	8	9	2
6	1	9	8	2	3	5	4	7
4	8	2	5	9	7	1	3	6
5	4	1	2	3	9	7	6	8
8	9	3	7	6	1	4	2	5
2	7	6	4	8	5	3	1	9

71

4	8	3	9	2	1	7	5	6
7	2	1	4	6	5	9	3	8
5	9	6	8	7	3	4	1	2
3	4	7	6	1	8	2	9	5
6	1	9	7	5	2	8	4	3
2	5	8	3	4	9	6	7	1
9	3	2	5	8	4	1	6	7
1	6	5	2	9	7	3	8	4
8	7	4	1	3	6	5	2	9

72

7	2	5	8	1	6	9	3	4
1	3	4	7	2	9	8	6	5
8	9	6	4	3	5	7	1	2
4	8	9	1	6	7	5	2	3
5	7	2	3	9	4	1	8	6
3	6	1	2	5	8	4	9	7
6	1	7	9	4	2	3	5	8
2	4	3	5	8	1	6	7	9
9	5	8	6	7	3	2	4	1

73

5	1	2	3	7	9	8	6	4
7	4	9	5	8	6	3	2	1
6	8	3	4	1	2	5	9	7
1	2	6	7	9	3	4	5	8
3	9	5	6	4	8	1	7	2
8	7	4	1	2	5	6	3	9
2	5	7	8	3	4	9	1	6
4	3	1	9	6	7	2	8	5
9	6	8	2	5	1	7	4	3

74

4	1	6	2	5	7	9	3	8
2	5	9	1	3	8	6	4	7
3	7	8	6	4	9	5	2	1
6	9	5	7	8	2	3	1	4
1	3	7	4	9	6	2	8	5
8	2	4	3	1	5	7	6	9
7	6	1	5	2	4	8	9	3
9	4	2	8	7	3	1	5	6
5	8	3	9	6	1	4	7	2

75

5	2	7	8	4	3	1	6	9
1	8	4	9	7	6	2	3	5
6	9	3	5	1	2	4	7	8
8	3	9	6	2	1	5	4	7
2	7	6	4	5	9	8	1	3
4	5	1	7	3	8	9	2	6
7	1	2	3	8	5	6	9	4
9	4	5	1	6	7	3	8	2
3	6	8	2	9	4	7	5	1

76

7	5	6	2	8	9	1	3	4
1	8	2	6	3	4	7	9	5
4	9	3	1	7	5	6	8	2
5	3	9	7	6	2	4	1	8
8	4	7	9	5	1	2	6	3
6	2	1	3	4	8	9	5	7
2	6	4	5	1	3	8	7	9
9	1	5	8	2	7	3	4	6
3	7	8	4	9	6	5	2	1

77

7	5	6	2	9	1	3	4	8
1	3	4	6	7	8	2	5	9
2	9	8	4	5	3	6	1	7
3	6	5	8	1	7	9	2	4
9	8	2	3	4	5	1	7	6
4	7	1	9	6	2	8	3	5
8	1	9	7	3	4	5	6	2
6	4	3	5	2	9	7	8	1
5	2	7	1	8	6	4	9	3

78

4	9	5	6	8	3	2	7	1
1	8	2	9	4	7	3	6	5
7	6	3	1	2	5	9	4	8
3	2	7	4	1	6	8	5	9
8	1	6	5	7	9	4	3	2
9	5	4	8	3	2	7	1	6
2	4	8	3	5	1	6	9	7
6	3	1	7	9	8	5	2	4
5	7	9	2	6	4	1	8	3

79

2	1	6	3	9	7	5	4	8
3	9	5	2	4	8	6	1	7
8	7	4	5	1	6	2	3	9
1	4	8	9	2	3	7	6	5
6	5	7	4	8	1	9	2	3
9	2	3	7	6	5	1	8	4
7	3	1	6	5	4	8	9	2
4	8	2	1	7	9	3	5	6
5	6	9	8	3	2	4	7	1

80

8	4	7	5	9	6	2	3	1
9	2	1	4	3	7	5	6	8
6	5	3	8	1	2	4	9	7
4	9	6	1	2	8	7	5	3
2	7	5	3	4	9	1	8	6
3	1	8	7	6	5	9	2	4
1	8	4	2	5	3	6	7	9
7	6	2	9	8	4	3	1	5
5	3	9	6	7	1	8	4	2

81

7	3	5	1	6	9	2	4	8
9	6	8	4	2	3	7	5	1
4	2	1	7	8	5	9	6	3
5	7	6	9	4	8	1	3	2
1	8	9	6	3	2	5	7	4
2	4	3	5	1	7	8	9	6
8	1	7	3	9	4	6	2	5
3	5	2	8	7	6	4	1	9
6	9	4	2	5	1	3	8	7

82

7	1	2	6	9	3	4	8	5
9	4	5	2	7	8	6	1	3
8	3	6	4	5	1	9	2	7
6	9	8	7	1	4	5	3	2
1	5	3	9	6	2	7	4	8
2	7	4	3	8	5	1	6	9
4	2	9	5	3	6	8	7	1
5	6	1	8	2	7	3	9	4
3	8	7	1	4	9	2	5	6

83

4	5	6	1	9	3	8	2	7
2	3	8	6	7	4	9	1	5
9	1	7	8	2	5	4	6	3
6	2	9	3	5	7	1	8	4
3	8	5	4	1	2	6	7	9
1	7	4	9	6	8	5	3	2
8	6	2	7	4	9	3	5	1
5	4	3	2	8	1	7	9	6
7	9	1	5	3	6	2	4	8

84

2	9	3	5	8	6	1	7	4
6	1	7	9	4	2	3	5	8
5	4	8	3	7	1	2	6	9
7	8	5	4	1	3	9	2	6
3	2	9	8	6	5	4	1	7
4	6	1	7	2	9	5	8	3
9	3	2	6	5	7	8	4	1
8	5	6	1	9	4	7	3	2
1	7	4	2	3	8	6	9	5

85

5	2	1	4	8	6	7	3	9
8	4	3	9	1	7	2	5	6
6	7	9	5	3	2	1	8	4
9	8	7	2	5	1	4	6	3
3	5	2	7	6	4	8	9	1
1	6	4	3	9	8	5	2	7
4	3	5	8	7	9	6	1	2
7	9	6	1	2	5	3	4	8
2	1	8	6	4	3	9	7	5

86

5	6	4	7	9	3	8	2	1
3	7	9	2	1	8	6	5	4
2	1	8	5	6	4	7	3	9
1	8	7	3	5	2	4	9	6
9	5	6	8	4	1	2	7	3
4	2	3	6	7	9	5	1	8
6	4	5	1	3	7	9	8	2
7	3	2	9	8	6	1	4	5
8	9	1	4	2	5	3	6	7

87

1	2	8	3	4	6	7	5	9
4	9	5	7	1	8	6	2	3
6	3	7	5	9	2	1	8	4
8	5	9	2	6	4	3	7	1
7	4	2	1	3	5	8	9	6
3	6	1	8	7	9	2	4	5
9	7	4	6	2	1	5	3	8
2	8	6	4	5	3	9	1	7
5	1	3	9	8	7	4	6	2

88

4	3	5	6	7	9	8	2	1
1	6	7	2	8	3	4	5	9
2	8	9	1	4	5	6	3	7
3	4	8	9	5	7	1	6	2
9	7	2	4	1	6	3	8	5
6	5	1	8	3	2	7	9	4
7	2	3	5	6	4	9	1	8
5	1	6	7	9	8	2	4	3
8	9	4	3	2	1	5	7	6

89

7	6	5	4	3	2	8	1	9
1	9	3	5	6	8	2	7	4
4	2	8	9	1	7	3	6	5
8	3	7	2	4	9	6	5	1
6	4	2	1	7	5	9	3	8
5	1	9	3	8	6	4	2	7
9	5	4	6	2	1	7	8	3
2	8	1	7	9	3	5	4	6
3	7	6	8	5	4	1	9	2

90

2	7	5	6	3	8	4	9	1
9	6	1	4	2	7	5	8	3
8	4	3	1	5	9	7	6	2
7	3	4	2	8	6	9	1	5
5	1	8	3	9	4	2	7	6
6	2	9	5	7	1	3	4	8
3	8	7	9	6	5	1	2	4
1	5	6	7	4	2	8	3	9
4	9	2	8	1	3	6	5	7

91

6	2	5	7	3	9	1	8	4
3	8	1	2	4	6	5	9	7
9	7	4	8	5	1	2	6	3
8	5	9	6	1	4	7	3	2
4	1	7	3	2	8	6	5	9
2	3	6	5	9	7	8	4	1
1	9	8	4	6	2	3	7	5
5	6	2	9	7	3	4	1	8
7	4	3	1	8	5	9	2	6

92

7	4	9	3	5	2	8	1	6
1	3	6	7	8	9	5	4	2
2	5	8	6	1	4	7	3	9
4	2	1	9	7	8	6	5	3
8	7	5	1	6	3	2	9	4
9	6	3	4	2	5	1	8	7
3	1	7	8	9	6	4	2	5
5	8	4	2	3	7	9	6	1
6	9	2	5	4	1	3	7	8

93

6	3	1	7	9	4	5	8	2
8	5	4	1	3	2	7	6	9
2	7	9	8	6	5	3	1	4
1	2	7	5	4	6	8	9	3
3	9	6	2	8	1	4	5	7
5	4	8	9	7	3	6	2	1
9	6	5	3	2	7	1	4	8
4	8	3	6	1	9	2	7	5
7	1	2	4	5	8	9	3	6

94

5	9	7	6	4	1	3	2	8
3	6	4	2	8	9	5	1	7
1	8	2	7	3	5	6	9	4
2	1	8	9	5	6	4	7	3
4	3	9	8	2	7	1	5	6
6	7	5	4	1	3	2	8	9
7	5	1	3	6	8	9	4	2
9	2	3	5	7	4	8	6	1
8	4	6	1	9	2	7	3	5

95

4	7	1	9	2	8	5	3	6
2	9	5	7	3	6	4	1	8
6	8	3	5	4	1	7	9	2
5	2	7	6	9	3	8	4	1
1	3	4	2	8	5	6	7	9
9	6	8	4	1	7	3	2	5
8	1	6	3	7	2	9	5	4
3	4	2	8	5	9	1	6	7
7	5	9	1	6	4	2	8	3

96

4	1	9	6	2	5	3	8	7
7	6	8	3	9	1	5	4	2
3	5	2	8	4	7	9	1	6
9	2	5	1	7	8	6	3	4
8	3	7	9	6	4	1	2	5
6	4	1	5	3	2	7	9	8
5	9	4	2	1	6	8	7	3
1	7	6	4	8	3	2	5	9
2	8	3	7	5	9	4	6	1

97

7	8	2	5	4	9	1	3	6
9	4	3	1	2	6	8	7	5
1	6	5	8	7	3	4	9	2
5	7	4	2	9	1	6	8	3
8	2	1	6	3	4	7	5	9
6	3	9	7	8	5	2	4	1
3	9	7	4	6	2	5	1	8
2	1	8	3	5	7	9	6	4
4	5	6	9	1	8	3	2	7

98

3	9	1	5	7	6	8	4	2
7	2	4	8	3	9	1	6	5
6	5	8	1	2	4	3	7	9
4	6	7	2	8	3	9	5	1
8	1	9	4	5	7	6	2	3
2	3	5	9	6	1	4	8	7
5	4	2	3	9	8	7	1	6
9	8	6	7	1	5	2	3	4
1	7	3	6	4	2	5	9	8

99

9	4	8	1	6	7	5	2	3
7	5	2	3	9	8	1	4	6
6	1	3	2	5	4	7	8	9
1	2	5	8	4	6	9	3	7
8	9	7	5	3	1	2	6	4
3	6	4	9	7	2	8	1	5
4	7	1	6	2	9	3	5	8
2	3	6	7	8	5	4	9	1
5	8	9	4	1	3	6	7	2

100

1	8	2	7	3	6	4	5	9
9	6	3	2	5	4	8	1	7
7	4	5	1	8	9	6	2	3
4	2	9	6	1	7	5	3	8
5	7	1	8	2	3	9	6	4
8	3	6	4	9	5	1	7	2
3	5	8	9	6	2	7	4	1
2	1	7	5	4	8	3	9	6
6	9	4	3	7	1	2	8	5

Index of Names